ESTOCOLMO
EN 2 DíAS

EL PAÍS El Viajero city

EST

Viajar es un placer y convertirse en viajero toda una aventura. Son muchos los motivos para iniciar un viaje: descubrir nuevas gentes, paisajes, aromas, sabores... o reencontrase con ellos.

En Repsol sabemos que viajar amplía horizontes, nos capacita para apreciar la belleza en las diferencias y nos enriquece como personas. Por eso nos preocupamos por ofrecerte todo lo que necesitas para disfrutar de tus viajes y lograr que tus desplazamientos se efectúen siempre cómodamente y en las mejores condiciones.

Nuestra vocación de servicio nos llevó hace más de 30 años a editar la prestigiosa **Guía Campsa**. Una fiel compañera de viaje, que año tras año, se renueva para seguir siendo referente en el mundo de los viajes, la gastronomía y el vino.

En su versión on line, accesible a través de **guiacampsa.com** y **repsolypf.com,** la información y servicios para tus viajes no tiene límites. El pronóstico meteorológico, el estado de las carreteras, mapas de más de 75.000 localidades europeas o sugerencias turísticas y gastronómicas de máxima actualidad son algunas de las facilidades para planificar tus viajes.

Nuestro firme compromiso con el viajero, que nos impulsa a superarnos cada día en los productos y servicios que le ofrecemos nos lleva hoy, a colaborar con **El País** en el lanzamiento y edición de esta magnífica colección de guías El Viajero City.

5 paseos por Estocolmo

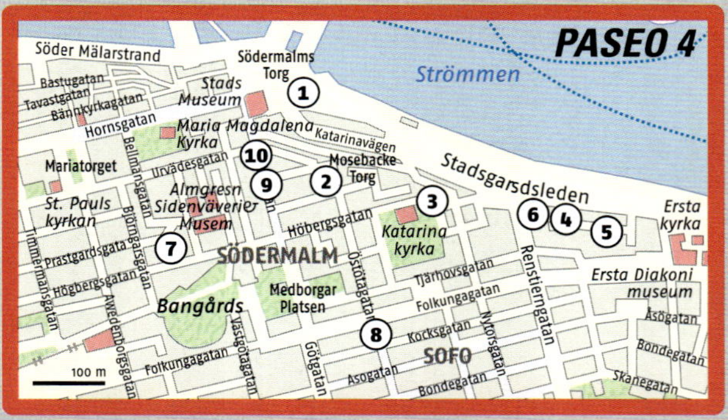

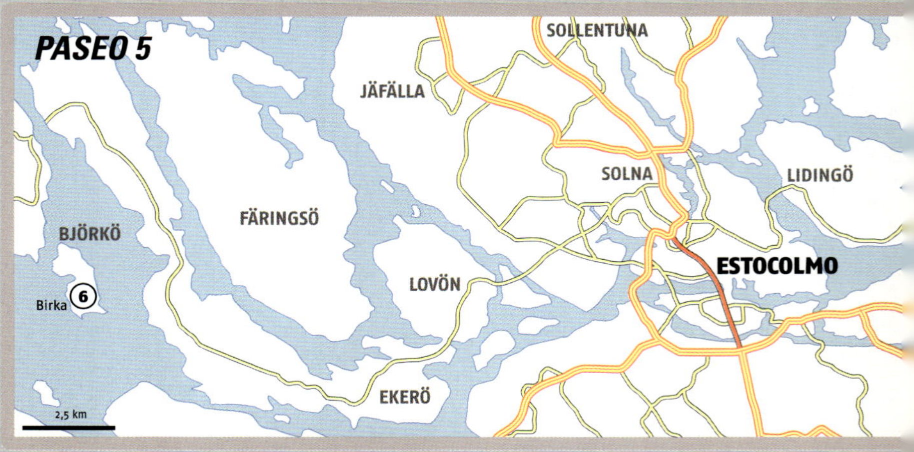

LIDINGÖ
GÄRDSGÄRDET
Nationalstadsparken
SKANSEN
Strömmen
Upsala
ESTOCOLMO
Göteborg
Mar Báltico
Malmö

PASEO 2
NORRMALM
ÖSTERMALM
Humlegårdsgatan
Saluhallen
Linnégatan
Artillerigatan
Kungsgatan
Stureplan
Lastmakargatan
Jakobsbergatan
Birger Jarlsgatan
Musik museet
Storgatan
Mäster Samuelsgatan
Kungliga Dramatiska Teatern
Armé museum
Skeppargatan
Smålandsgatan
Norrmalms Torg
Kungliga Hovstallet
Riddargatan
Grevgatan
Malmskillnadsgatan
Hamngatan
Sverige Huset
Berzelii Park
Kaptensgatan
Styrmansgatan
Strandvägen
Regeringsgatan
Kungsträdgården
Kungligan Operan
Nybrokajen
BLASIEHOLMEN
Gusta Adolf Torg
Strömgatan
Strombron
Hovslagargatan
National Museum
50 m
Riksdagshuset

PASEO 1
Stockholm Klara
Vasagatan
Vattugatan
Klaratunnelgatan
Herkulesgatan
Karduansmakargatan
Jakobsgatan
Hallwylska museet
Kungligan Operan
Karl XII Torg
G. Adolf Torg
Strömgatan
Tegelbacken
Rosenbad
Fredsgatan
Strombron
Stadshusbron
HELGEANDSHOLMEN
Stadtshuset
Centralbron
Vasabron
Riksdagshuset
Kungliga Slottet
Tornmuseet
Riddar Huset
Myntgatan
Storkyrkan
Skeppsbron
Finska kyrkan
RIDDAR HOLMEN
Riddarhustorget
Köpmangatan
GAMLASTAN
Riddarholms kyrkan
Stora Nygatan
Lilla Nygatan
Västerlånggatan
Österlånggatan
Post Museum
Riddarfjärden
Munkbroleden
Järn Torget
Gamla stan
100 m

KHOLM
GRINDA
MÖJA
VINDÖ
GUSTAVSBERG
VÄRMDÖ
INGARÖ
RUNMARÖ
SANDHAMN

Mapa del centro de Estocolmo

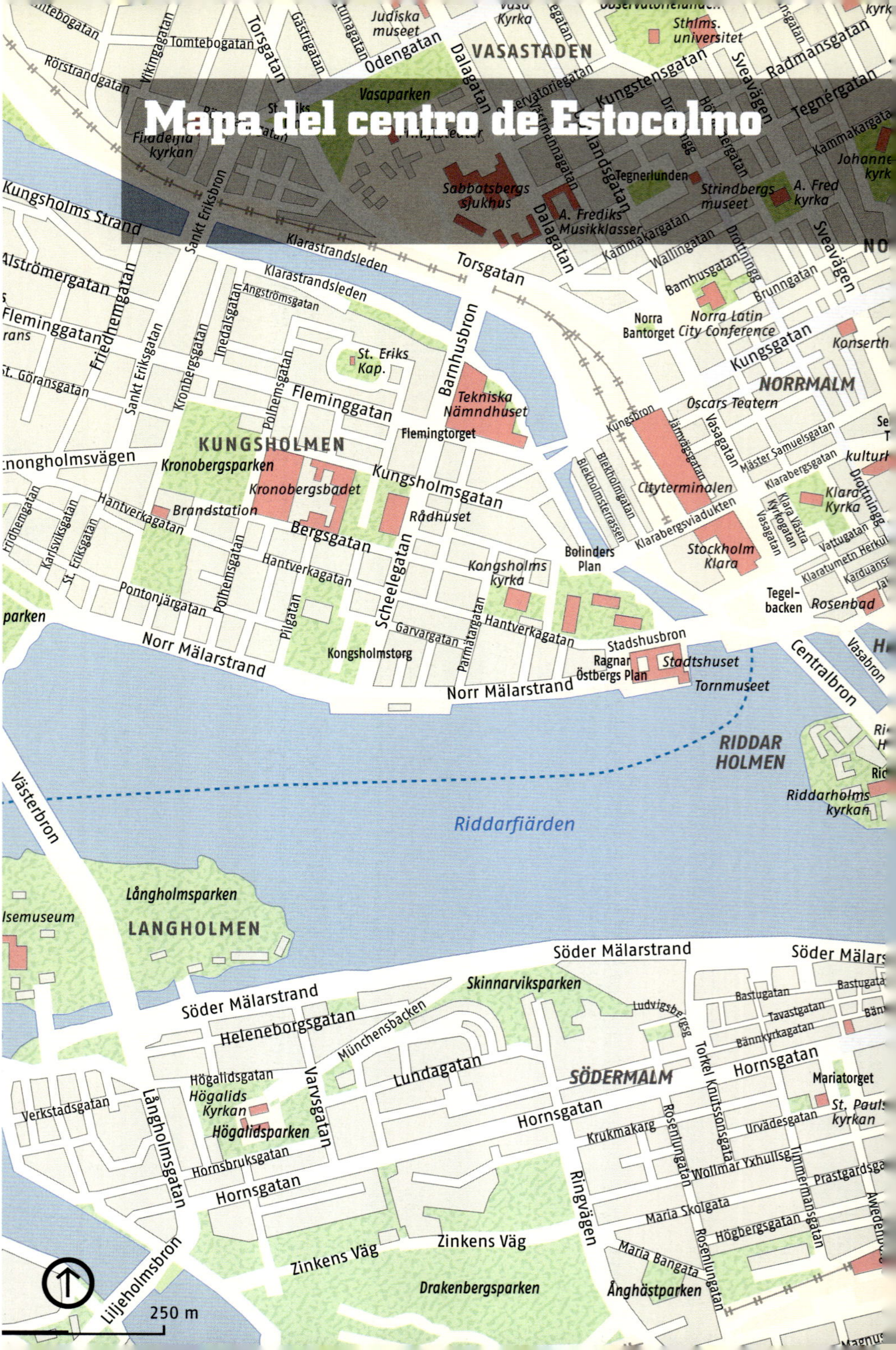

Engelbrektsgatan
Villagatan
Floragatan
Karlavägen
Östermalmsgatan
Valhallvägen
Gärdets Sportfält
Kungliga Humlegården
Kungliga Biblioteket
Sturegatan
Brahegatan
Grev Turegatan
Nybrogatan
Sibyllegatan
Jungfrugatan
Artillerigatan
E. Dahlbergs allén
Hedinsgatan
De Geersgatan
Värtavägen
Filmhuset
Kommendörsgatan
Skeppargatan
ÖSTERMALM
Karlaplan
Lützengatan
Banérgatan
Gustav Adolfs kyrka
Gustav Adolfs parken
Lindarängsvägen
Linnégatan
Humlegårdsgatan
Gyllenstiernsgatan
Oxenstiernsgatan
TV-huset
Stureplan
Saluhallen
Grevgatan
Styrmansgatan
Narvavägen
Eleonora kyrka
Armé museum
Musik museet
Kungliga Dramatiska Teatern
Birger Jarlsgatan
Historiska museet
Storgatan
Radiohuset
Gärdesgatan
Smalandsgatan
Norrmalms Torg
Kungila Hovstallet
Riddargatan
Oscars kyrka
Berwaldhallen
Engelska kyrka
Hamngatan
Hallvvylska Museet
Väpnargatan
Kaptensgatan
Grev Magnigatan
Berzelii Park
Strandägen
Strandägen
Nobelparken
Kungsträdgården
St. Eugenia Kyrkan
Jakobs Kyrka
Nybrokajen
BLASIEHOLMEN
Djurgårdsvägen
Junibacken
Kungligan Operan
Karl XII Torg
Strömgatan
Hovslagargatan
Södra Blasieholmshamnen
Museiparken
Nordiska Museet
Rosendalsvägen
Strombron
National Museum
Vasamuseet
Galärparken
Slottskajen
Östasiatiska Museet
Slupskjulsvägen
Teater Galeasen Sankt Erich och Finngrundet
Biologiska Museet
Kungliga Slottet
GAMLASTAN
Skeppsholms kyrkan
Aquaria Vattenmuseum
SKANSEN
Skeppsbron
Stor kyrkan
Finska kyrkan
Moderna Museet
Tobaks Museet
Köpmangatan
Arkitekturmuseet
Svensksunds Parken
Liljevalchs konsthall
Västerlånggatan
Vandrarhem
Langa Raden
Circus Skansen
Stora Nygatan
Lilla Nygatan
Tyska Kyrkan
Österlånggatan
Södra Brobänken
SKEPPSHOLMEN
Kastellet
Kastellholmskajen
Munkbroleden
Järntorget
Strömmen
Gamla stan
KASTELLHOLMEN
Södermalms Torg
Stads Museum
BECKHOLMEN
Katarinavägen
Stadsgarsdsleden
Strömmen
Götgatan
Mosebacke Torg
Höbergsgatan
Katarina kyrka
Ersta kyrka
Vikingterminalen
Östgötagatan
Renstiernsgatan
Tjärhovsgatan
Ersta Diakoni museum
Medborgar Platsen
Folkungagatan
Åsögatan
Kocksgatan
Södermannagatan
Nytorgsgatan
Bondegatan
Västgötagatan
Götgatan
Asögatan
Bondegatan
Skanegatan
Sofia kyrka
Sparvägs museet

Estocolmo en un vistazo

El encanto de Gamla Stan

Gamla Stan, el centro histórico de la capital sueca, ocupa una de las 14 islas de la ciudad. La belleza arquitectónica de sus casas pintadas de colores, las calles adoquinadas y los muchos cafés y tiendas convierten el barrio en un delicioso escenario con mucho sabor por donde perderse y disfrutar de un sinfín de detalles artísticos, culturales y paisajísticos sorprendentes.

Página 14

Naturaleza y un gran barco

En la isla de Djurgården esperan varias sorpresas: un enorme parque en medio de la ciudad para olvidarse por completo del bullicio de la urbe, un museo al aire libre con casas típicas y muy representativas de toda Suecia y un museo que guarda el enorme *Vasa*, un suntuoso buque que se hundió el día de su botadura en 1628.

Página 26

Diseño en Södermalm

Tiendas, cafés, terrazas, mercadillos, exposiciones y gente guapa. El epicentro del barrio más *trendy* de Estocolmo se llama SoFo. Un lugar para ver, comprar y empaparse del mejor estilo escandinavo y de sus últimas tendencias.

Página 32

Dos días sin parar

El Museo de Arte Moderno y el de Arquitectura; el Ayuntamiento, donde se entregan cada año los Premios Nobel; la Biblioteca Municipal; un paseo en barco o el espectáculo de las esclusas... Hay mucho que ver y hacer.

Página 44

Datos útiles

Hoteles, cafés donde degustar bocadillos exquisitos, tiendas de diseño o ropa, y museos que demostrarán que Estocolmo es un gran destino para los niños. Y los precios de la Stockholm Card, una ventajosa tarjeta turística.

Página 54

Sumario

Estocolmo apasiona. Cinco rutas descubren su historia, la tradición del diseño sueco, el respeto por la naturaleza y algunos hitos de la arquitectura. Quienes tengan tiempo, pueden descubrir, además, algunas de las islas del gran archipiélago que flanquea la ciudad.

Conviene planificar el fin de semana. ¿Queremos ver naturaleza, arte o simplemente callejear para sentir el latir de la ciudad? Museos, tiendas, monumentos, islas, rutas en barco... No faltan las propuestas.

Página
44

La sección "48 horas" está estructurada en dos mañanas y dos tardes.

Datos útiles de Estocolmo

Página
54

Información para acceder a los lugares de interés, para encontrar los hoteles con encanto y no perderse lo mejor de la noche.

FELIZ VIAJE

5 paseos por Estocolmo

1

EL CASCO ANTIGUO

Un día en Gamla Stan

El casco antiguo de Estocolmo, donde nació la capital de Suecia hace más de 800 años, ocupa por completo una pequeña isla. Las calles estrechas, serpenteantes y peatonales de Gamla Stan invitan a pasear y detenerse para comprar artesanía y *souvenirs*, tomar un estupendo helado o un café. También se encuentran aquí el Palacio Real y el Museo de los Premios Nobel.

El casco histórico de Estocolmo ocupa la más pequeña y entrañable de las 14 islas de la ciudad, Gamla Stan. Un buen lugar de acceso es el puente de Riksbron ❶, que permite además conocer el Riksdagshuset ❷, el edificio del Parlamento, obra de Aron Johansson, que se inauguró en 1905. Desde la entrada saludan las esculturas de un campesino, un burgués, un sacerdote y un noble, en una representación simbólica de todas las clases sociales. En su interior, que puede visitarse, sorprenden obras de arte como los murales de Otte Sköld (1894-1958), que recrean diferentes periodos de la historia de Estocolmo.

Pocos pasos más allá se levanta otro edificio imponente: el Kungliga Slottet ❸, el Palacio Real (www.royalcourt.se; entrada, 9,60 €), donde antiguamente residían los miembros de la casa real. Construido en 1754, este castillo cuenta con más de 600 habitaciones y es uno de los más grandes de Europa. La mayoría de sus dependencias están abiertas al público, existen visitas guiadas y en el patio se puede asistir cada mediodía (a diario a las 12.15, los domingos a las

↑ La catedral de Estocolmo, la Storkyrkan, de estilo gótico, es una de las iglesias más antiguas de la ciudad.

← La estatua de Lolita es testigo mudo del descanso de los turistas que se refugian por los jardines del Stadshuset, frente al mar, para reponer fuerzas.

13.15) al cambio de guardia. Avanzando por las calles históricas, la siguiente parada es la catedral gótica, Storkyrkan 4, construida en el siglo XIII y remodelada entre 1736 y 1745. Fue aquí donde se casaron los actuales reyes de Suecia, Carl XVI Gustav y Silvia. Es recomendable entrar y echarle un vistazo a sus solemnes bóvedas y a la escultura tallada en madera de san Jorge matando al dragón, realizada en 1489 por el escultor alemán Bernt Notke.

Como un laberinto

Ya para adentrarnos en el interior del casco antiguo, sin duda, lo más recomendable es dejarse llevar por el instinto, sin mapa alguno, y empezar a pasear por las callejuelas, repletas de cafeterías, tiendas y exquisitas heladerías. La calle principal y la más animada es Västerlanggatan 5. Para quienes quieran alejarse un poco del bullicio, ofrecen más tranquilidad las calles adyacentes como Österlanggatan, Trangsund, Svartmangatan o Köpmangatan. Todas son de adoquines, la mayoría peatonales, con pintorescas casas, bajas y pintadas de diferentes colores. Aquí, más que visitar monumentos, lo agradable es disfrutar del placer de deambular por esta pequeña almendra medieval.

Eso sí, vale la pena dejarse caer por algunas de las tiendecitas de Gamla Stan para comprar algún recuerdo del viaje a Estocolmo. En el número 4 de Södra Benickebrinken hay, por ejemplo, una tienda muy curiosa donde fabrican a mano *trolls* y unos típicos duendes con capucha roja o gris llamados *tomtar*. Los propietarios de Tomtar & Troll Gifts 6 (www.tomtar.se) advierten: "Si te llevas un duende y

> Deambular por las callejuelas adoquinadas de Gamla Stan es toda una experiencia.

EN PLENO CASCO ANTIGUO

Música en directo

¿Una sala de música en Gamla Stan? Hay varias, por ejemplo, Stampen, que cada noche, desde las ocho y hasta las dos de la madrugada, ofrece buena música en directo tanto de blues como jazz. Stampen (www.stampen.se; Stora Nygatan, 5).

El Ayuntamiento de la ciudad, el Stadshuset, está situado en uno de los edificios más singulares. La cúspide de la torre está decorada con tres coronas.

lo cuidas, te traerá buena suerte. Pero si lo ignoras, hará conjuros contra ti". La afirmación no es una invención de estos artesanos, sino que refleja una conocida leyenda sueca que todos los padres cuentan a sus niños para que éstos se porten bien.

Historia y diseño suecos

De las leyendas a los libros. Cerca se encuentra una de las librerías más completas de obras sobre la historia, cultura y diseño suecos: Sweden Bookshop ❼ (Slottsbacken, 10). Y ahora llega el momento de sumarse a una tradición muy sueca llamada *fika:* una pausa para tomar un café o un té con un dulce. Puede resultar difícil elegir entre la gran oferta de pasteles, todos ellos, auténticas delicias. Aconsejamos el *kanellbulle* (una pasta en forma de caracol con canela) o *mazarin* (hecho con mazapán).

Reanudando el paseo llegamos a uno de los rincones más pintorescos de Gamla Stan. Stortorget ❽, la plaza Grande, rodeada de antiguos edificios de distintos colores, fue el escenario del llamado Baño de Sangre de Estocolmo, una masacre que tuvo lugar después de que el rey danés Christian II ordenara en 1520 asesinar a la mayoría de miembros de la nobleza sueca por oponerse a la unión con la corona de Dinamarca. A raíz de esta matanza, cuenta una leyenda que si llueve intensamente durante el aniversario de este genocidio (del 7 al 10 de noviembre), el pavimento de la plaza se vuelve de color rojizo.

Uno de los lugares más conocidos

KUNGLIGA SLOTTET

El cambio de guardia

Si uno se encuentra en Gamla Stan, a las 12.15 tiene una cita en el patio del Palacio Real (Kungliga Slottet): el cambio de guardia.

Más allá de visitar las dependencias del castillo, el mayor atractivo es acudir al cambio de guardia, que se efectúa cada día a las 12.15, y el domingo, una hora más tarde, siempre con gran puntualidad. A esta hora, los guardias exhiben pasos militares y, en primavera y verano, desfilan con banda de música y caballos por algunas calles del centro. En el interior del palacio, al más puro estilo rococó, se puede visitar una exposición joyas, vestidos reales y tapices antiguos, entre otras muchas cosas. Aquí residían los miembros de la casa real, que ahora viven en Drottningholms Slott (www.royalcourt.se; 7,50 €), a las afueras de la ciudad.

UN RITUAL DIARIO. Es el que protagoniza la guardia real, con uniforme de gala, frente al Palacio Real.

de esta plaza es el Nobelmuseet 9 (www.nobelmuseum.se; entrada, 6,40 €), un museo que expone los avances del último siglo a través de los logros de más de 700 ganadores del Premio Nobel. Además de explicar las claves del proceso de selección de uno de los galardones más valorados del mundo, se proyectan cortas películas explicativas de los descubrimientos más importantes. Cada año, los nombres de los nuevos galardonados se guardan celosamente. Aunque dicen que el personal del restaurante de lujo F12 10 (Frodsgatan, 12) podría ser la mejor fuente para conocer las claves de las deliberaciones entre los miembros de la Academia Sueca. Es aquí, en este local de diseño, donde se reúnen una vez por semana. Es un buen lugar para comer, aunque Gamla Stan cuenta con otros restaurantes con mucho encanto, como por ejemplo Den Gyldene Freden 11 (Österlanggatan, 51), uno de los más conocidos por sus platos caseros suecos. Aquí se puede degustar el famoso salmón sueco, el *lax*. El restaurante data de 1721 y es una antigua taberna.

El Ayuntamiento

A pocos pasos de Gamla Stan, en la vecina isla de Kungsholmen, se levanta uno de los mayores proyectos arquitectónicos suecos del siglo XX: el Stadshuset 12, el Ayuntamiento. Está situado a orillas del Mälaren, y subir a la torre de 106 metros de altura (aunque sólo se puede hacer entre mayo y septiembre) garantiza unas vistas espectaculares de toda la ciudad. El arquitecto del Ayuntamiento, Ragnar Östberg (1866-1945), utilizó nada menos que ocho millones de ladrillos rojos para levantarlo. En su interior hay una de las salas más famosas: la Blå Hallen, la Sala Azul, donde el 10 de diciembre de cada año se celebra la gala de los Premios Nobel.

Una gran corona de oro, uno de los símbolos de Suecia, mira hacia el Palacio Real, uno de los castillos más grandes de Europa.

LUGARES DE INTERÉS DESTACADOS.

1 Riksbron 2 Riksdagshuset 3 Kungliga Slottet 4 Storkyrkan 5 Västerlanggatan 6 Tomtar & Troll Gifts 7 Sweden Bookshop 8 Stortorget 9 Nobelmuseet 10 F12 11 Den Gyldene Freden 12 Stadshuset

2

CITY Y ÖSTERMALM

El centro neurálgico de Estocolmo

Los barrios de City y Östermalm conforman el epicentro de la ciudad. Una caminata por sus bulliciosas calles descubre elegantes centros comerciales, hoteles de gran categoría y dos destacadas instituciones culturales: la Ópera Real y el Teatro Nacional.

¿Por qué no empezar el itinerario en uno de los lugares típicos de encuentro en el centro? Se trata del parque de **Kungsträdgården** ❶, literalmente el Jardín del Rey, situado en el barrio de City. Antiguamente, la familia real cultivaba aquí plantas de especies exóticas. En la actualidad es uno de los epicentros urbanos donde el viajero encontrará animación, independientemente de la estación del año. Siempre hay algo que ver y hacer: una pista de hielo para patinar en invierno, un mercadillo de objetos artesanales, conciertos, festivales... Cerca de la estatua del rey Karl XIII se encuentra el **Kungliga Operan** ❷ (www.operan.se), la Ópera Real de Estocolmo, que fue inaugurada en el año 1782 (su interior se puede visitar con guías en inglés; de mayo a septiembre, a las 13.00 y 15.00; el resto del año, sólo los sábados). Cinco años más tarde abrió el **Operakällaren** ❸ (www.operakallaren.se), un restaurante que desde entonces es uno de los lugares más concurridos y selectos de la ciudad.

A unos cuantos pasos siguiendo la orilla de Mälaren se levanta uno de los hoteles más conocidos de Estocolmo: el **Grand Hôtel** ❹ (Blasieholmshamnen, 8; www.grandhotel.se). Fue inaugurado en 1874 y cuando se celebraron los primeros Premios Nobel, en 1901, éste fue el hotel elegido para albergar el banquete. Al cabo de unos años, la ceremonia de entrega y la cena posterior se trasladaron a la sede del Ayuntamiento de Estocolmo, ya que el hotel se quedó pequeño. Sin embargo, desde la primera edición de los Nobel hasta la actualidad, en el Grand

↑ **En la Ópera Real,** Kungliga Operan, en sueco, cada año se dan cita los mejores intérpretes del mundo de la lírica internacional.

← **El epicentro de Estocolmo** se sitúa en el parque de Kungsträdgården, lugar de encuentro.

Hôtel se alojan todos los premiados y sus familiares. A lo largo del año, es posible ver celebridades internacionales, que suelen escoger este hotel para su estancia en Estocolmo.

Y hablando de celebridades, siguiendo la calle Stallgatan y avanzando unos pasos más se abre la plaza Nybroplan, donde se encuentra el **Kungliga Dramatiska Teatern** 5, el Teatro Nacional, uno de los símbolos culturales por excelencia de la ciudad. En los años sesenta el famoso cineasta sueco Ingmar Bergman (1918-2007) fue su director. Los suecos lo frecuentan mucho para ver, especialmente, obras clásicas. La programación se puede consultar en la página *web* (www.dramaten.se).

En el mercado de Saluhallen impresionan los puestos de mariscos y pescados. Es un buen lugar para degustar especialidades suecas como el *gravlax*.

ÖSTERMALM

La marcha en Estocolmo

Östermalm es uno de los barrios con mayor ambiente de noche. Se recomienda: Spy Bar (Birger Jarlsgatan, 20), de ambiente selecto; Sophie's Bar (Biblioteksgatan, 5), uno de los más frecuentados entre la juventud, y Nalens (Regeringsgatan, 74), que ofrece actuaciones en directo para los amantes del jazz.

Tomando la calle Birger Jarlsgatan se llega a Stureplan, uno de los lugares más chics de la ciudad. Muy cerca, en la calle Grev Turegatan, se encuentra el centro comercial **Sturegallerian** 6 (www.sturegallerian.se; abre de 10.00 a 19.00; sábados, hasta las 18.00, y domingos, de 12.00 a 17.00), con tiendas y cafeterías elegantes. Aquí es posible toparse con las princesas de Suecia, tomando algo o comprándose ropa en algún local de moda.

La visita más suculenta

Llegados a este punto, una de las mejores opciones es dirigirse al mercado de Östermalm, llamado **Saluhallen** 7 (de lunes a viernes, de 9.30 a 18.00; sábados, hasta las 16.00), al que se

Uno de los productos estrella de Suecia es el pescado. Un buen lugar para probarlo es en Saluhallen, el mercado donde también se encuentra todo tipo de productos suecos.

accede siguiendo la calle Humleg Ardsgatan. El mercado está emplazado en la plaza Östermalmtorg, en un singular edificio de ladrillo rojo que abrió sus puertas en 1888. Los mercados suecos difieren mucho de los españoles, son mucho más lujosos, en los puestos venden productos muy selectos y todo está expuesto de una forma muy cuidada. La visita brinda, además, una buena oportunidad para degustar algunos platos tradicionales. De hecho, en el interior hay varios lugares donde se puede aprovechar para comer. El puesto número 21 alberga el restaurante **Lisa Elmqvist ❽**, que existe hace más de 80 años y está especializado en pescados y mariscos, todo fresco y preparado de diferentes maneras. Destacan los enormes cangrejos y las gambas, además de los pescados, servidos normalmente con patata y eneldo. Hay otros puestos más sencillos, y más baratos, donde uno se puede sentar en un taburete, como en **Tysta Mari ❾**, y comer en la barra de manera informal especialidades como *pytt i panna* (un plato muy tradicional compuesto de patata, ternera, cebolla y salchicha, todo cortado en cuadraditos), *köttbullar* (albóndigas típicas suecas) o *gravlax* (salmón macerado).

Pasear por los puestos de este mercado es toda una delicia. Vale la pena detenerse en el puesto de Amanda Brödboc, que ofrece multitud

EL ESTUDIO DE ABBA

El mítico grupo sueco de música pop

Ahora destaca por ser una zona especialmente tranquila, pero lo cierto es que la isla de Kungsholmen, justo al lado de Östermalm, se caracterizaba hace unos años por ser una zona muy frecuentada por artistas.

En este lugar se encuentra el que fuera el estudio de grabación del mítico grupo de música pop sueco, ABBA, en el número 58 de la calle Sankt Eriksgatan. Viniendo de Östermalm, el mejor recorrido para llegar es a través de la calle Norr Mälastrand, que bordea la isla.

Anni-Frid, Agnetha, Bjorn y Benny, los cuatros componentes de ABBA y cuyas iniciales dan nombre al grupo, grabaron canciones tan conocidas como *Mamma mia* o *Waterloo*, con la que en 1974 ganaron el Festival de Eurovisión. Los Polar Studios cerraron en 2004, aunque recientemente se ha anunciado que reabrirán en una nueva ubicación en 2008.

DESDE QUE EN LOS AÑOS SETENTA ganara el Festival de Eurovisión, el grupo ABBA no ha dejado de cosechar grandes éxitos.

de variedades de pan, pasteles y dulces. Para los amantes del café, **Robert's Coffee** ❿ cuenta con unos 35 granos de cafés diferentes y con 85 tipos de té.

Salimos del mercado para caminar unas manzanas y acercarnos a **Strandvägen** ⓫, un hermoso bulevar de edificios de inspiración renacentista frente al puerto. Como un paseo marítimo, es una zona muy señorial y ofrece vistas a distintas islas de la ciudad. Lo más típico en esta calle es venir un mediodía soleado para tomar una copa de vino blanco. Para ello, es perfecta la terraza del **hotel Diplomat** ⓬ (en el número 7), una elegante veranda con vistas al muelle de Nybroviken que ofrece además un menú asequible y de muy buena calidad. El salmón marinado es excelente. En el interior de este edificio de estilo *art nouveau*, también hay una moderna cafetería para los días no tan soleados donde se puede consultar la prensa de las principales ciudades europeas. En Strandvägen encontraremos concesionarios de coches selectos, residencias de las clases altas, bancos y alguna tienda exclusiva, como Svenskt Tenn (número 5): desde 1924 un lugar mítico para la decoración interior, con tejidos de Josef Frank, que vuelven a causar furor, con sus estampados coloridos y de formas extravagantes.

Kungliga Dramatiska Teatern. Este edificio de color blanco y decorado con estatuas doradas que mira hacia el puerto es el Teatro Nacional de Estocolmo, más conocido como Dramaten.

LUGARES DE INTERÉS DESTACADOS.
❶ Kungsträdgården
❷ Kungliga Operan
❸ Operakällaren ❹ Grand Hôtel ❺ Kungliga Dramatiska Teatern ❻ Sturegallerian
❼ Saluhallen ❽ Lisa Elmqvist
❾ Tysta Mari ❿ Robert's Coffee
⓫ Strandvägen
⓬ Hotel Diplomat

3

DJURGÅRDEN
Y VASSAMUSEET

Naturaleza en la ciudad

Disfrutar de un día en plena naturaleza en el centro de una capital no es algo que se pueda hacer en cualquier urbe. En Estocolmo, una tercera parte de la superficie es zona verde, principalmente en la isla de Djurgården, donde espera otra gran sorpresa: el Vasamuseet, con un barco del siglo XVII conservado en perfecto estado.

Desde el placer de deambular por el parque de Skansen ❶, sentarse en un banco y observar la ciudad desde lo alto, hasta tomar un café en medio del bosque, la isla de Djurgården ofrece innumerables posibilidades de ocio al aire libre. Los suecos aprecian mucho la naturaleza y en cualquier momento del año intentan disfrutar de ella lo más posible. Esta isla era antiguamente el área de caza de la nobleza sueca y ha quedado prácticamente deshabitada. Aunque para llegar a la isla se puede ir caminando, vale la pena coger el tranvía número 7, uno de los pocos antiguos que siguen operativos. Parte de la plaza Nybroplan y lleva hasta el parque de Skansen (www.skansen.se).

Se trata de un museo al aire libre, creado en 1891 por Artur Hazelius. Llevado por un sentimiento patriótico y al observar que las tradiciones suecas estaban en profundo cambio, decidió crear una Suecia en miniatura que documentara los hábitos, oficios y costumbres populares del país. Hazelius trajo a Estocolmo un total

↑ Cómo fabrican el vidrio, cómo hacen el pan, cómo funciona una imprenta o elaboran la cerámica son algunos de los oficios tradicionales que están representados en las casetas del parque Skansen.

← Pasear por Skansen es recorrer la historia y tradición suecas. El parque, que siempre goza de mucho ambiente, también permite degustar la gastronomía del país.

de 150 casas típicas de cada una de las zonas de Suecia, de norte a sur, incluida la de los lapones o samis, que viven en el Círculo Polar Ártico. De este modo creó el primer museo al aire libre del mundo y, con ello, el viajero tiene la posibilidad de documentarse de una manera muy amena y agradable. Ahora, se pueden visitar todas ellas mientras se da un tranquilo paseo por Skansen. Actores con hábitos, mobiliario y herramientas de época transportan al transeúnte al pasado, en un poblado medieval que parece extraído de un cuento. Dispone también de los establecimientos que tendría cualquier pueblo de aquella época: una pastelería, una zapatería, una imprenta, una chapistería, donde se pueden contemplar los procesos de fabricación de antaño.

Tomar algo en un entorno natural

Llegado el momento de descansar, en Skansen hay varias cafeterías, todas ellas muy agradables gracias a su entorno natural, como por ejemplo Stora Gungan ❷ que, situada en una antigua granja que fue construida en 1801, es muy conocida por ofrecer auténticas delicias durante las épocas navideñas. Un ambiente más juvenil: Petisson ❸, popular por ser un lugar de encuentro de toda la vida entre los estudiantes y porque conserva una decoración típica de

El barco *Vasa* se hundió tras su botadura el 10 de agosto de 1628 en el mismo puerto de Estocolmo. Hoy se puede admirar en un museo único que vale mucho la pena visitar.

EL MODERNA DANSTEATERN

Lo último en danza

Muy cerca, en la pequeña isla de Skeppsholmen, en la calle Slupskulsvägen número 32, está situado el teatro de danza contemporánea más importante de Estocolmo, el Moderna Dansteatern (www.modernadansteatern.se), que acoge numerosas compañías nacionales e internacionales.

Los molinos son típicos de la isla sueca de Öland. Es una de las construcciones del país traídas de diferentes partes a Skansen para representar toda Suecia.

cafetería francesa. En cualquiera de estos sitios se puede hacer un alto para picar algo, pero qué mejor alternativa que tomar el clásico bufé sueco, llamado *smörgåsbord*. Vale la pena ir al restaurante Solliden ❹, uno de los mejores y más bellos de Skansen. El bufé suele estar compuesto de *sill* (arenque), *köttbullar* (albóndigas), *lax* (salmón) y diferentes clases de pan, entre otras cosas, que uno mismo se sirve en el plato. Todo el parque está admirablemente cuidado, y es que los suecos tienen muy interiorizado el concepto de limpieza y cuidado del entorno. Siempre han destacado por ser un ejemplo de sostenibilidad y respeto por el medio ambiente.

Artur Hazelius tampoco se olvidó de preservar la fauna y flora autóctonas, por lo que el parque cuenta con amplios jardines. En la parte norte de Skansen hay un zoológico, donde se pueden ver focas, zorros y, cómo no, alces, un animal conocido como el rey del bosque y símbolo

PIPPI CALZASLARGAS

La fantasía de Astrid Lindgren

Estocolmo, como toda Suecia, está muy preparada para viajar con niños. Hay cambiadores en la mayoría de los bares y restaurantes, y casi todos los museos organizan actividades para los más pequeños.

Seguramente la isla de Djurgården es especialmente recomendable para familias. Aparte del parque de Skansen, se recomienda visitar Junibacken (www.junibacken.se; niños de 3 a 15 años, 10 €; adultos, 11,75 €). Este parque está inspirado en los cuentos de la famosa escritora Astrid Lindgren (1907-2002). Además de poder recorrer el lugar en un divertido tren, los niños podrán visitar la casa de Pippi Calzaslargas, cuyos cuentos han sido traducidos a más de cien idiomas. Curiosamente, sus inicios no fueron del todo fáciles. Varios editores rechazaron su publicación por considerar que la protagonista era muy poco modélica.

ASTRID LINGREN INVENTABA DIVERTIDAS HISTORIAS para contárselas a su hija, y de ahí surgió el famoso personaje.

por excelencia de Suecia. También hay un acuario con peces exóticos, cocodrilos y serpientes.

Vasamuseet

En la isla de Djurgården se levanta uno de los museos más fascinantes de Estocolmo: el Vasamuseet ❺ (www.vasamuseet.se; entrada, 10 €), que alberga un enorme barco, el *Vasa*, el único que se conserva intacto del siglo XVII. ¡Sus mástiles sobresalen del tejado del edificio! El origen de que esta embarcación se pueda ver hoy se encuentra en una historia de ambición, y es que el rey Gustav Adolf II ordenó construir, en el año 1625, el barco más grande y caro que hasta entonces se había conocido. Y así lo hicieron: 52 metros de la punta del palo mayor a la quilla, 69 metros de proa a popa, cargado de una majestuosa decoración, con multitud de figuras humanas y cabezas de leones rugiendo, y 64 cañones: tenía que ser el gran buque insignia. Sin embargo, tanto esfuerzo acabó en el fondo del mar. El mismo día de su botadura, el 10 de agosto de 1628, cuando el barco se dirigía a la bocana del puerto, recibió una repentina ráfaga de viento que lo desestabilizó. Una segunda ráfaga lo llevó a pique. Al menos 30 de los 150 miembros de la tripulación murieron ahogados. El exceso de ornamentación no lo hacía apto para la navegación. El barco pasó 333 años bajo el mar Báltico, hundido, hasta que el investigador Anders Franzén lo descubrió, en 1956, y empezó su rescate. Inmersos en la historia de Suecia, en la isla de Djurgården también se encuentra el Nordiska Museet ❻ (www.nordiskamuseet.se; entrada, 6,40 €), un museo enorme creado entre 1889 y 1907, de estilo renacentista, donde se expone la historia y las tradiciones suecas.

Estas enormes decoraciones de los laterales del barco, tan bonitas de ver, fueron precisamente las culpables del hundimiento del *Vasa*, un magnífico barco que no era apto para navegar.

LUGARES DE INTERÉS DESTACADOS.

❶ Skansen ❷ Stora Gungan ❸ Petisson ❹ Solliden ❺ Vasamuseet ❻ Nordiska Museet

4

LA ISLA DE SÖDERMALM

Diseño y vistas

Nueva meca de la modernidad, la gran isla de Södermalm está de moda. Las tiendas de diseño y las animadas terrazas se mezclan con algunas de las calles más bonitas de la ciudad, como Fjällgatan y sus casas del siglo XVII. Un paseo de sabores auténticos.

Se recomienda acceder a pie —desde Gamla Stan— para poder disfrutar de la imagen de este barrio desde el pie de la colina. Y es que Södermalm se erige, en efecto, sobre una colina que convierte el barrio en un balcón panorámico extraordinario. En 1883 se construyó el **Katarinahissen** ❶: un ascensor, a poca distancia de la boca de metro, que eleva a sus pasajeros a 38 metros, hasta la altura del barrio, y ofrece unas vistas espectaculares. Este ascensor, el más antiguo de Suecia, se instaló para que los habitantes de Södermalm pudieran acceder a sus viviendas. Estuvo coronado durante años —desde 1909— por el primer rótulo de neón sueco: se anunciaba el legendario Stomatol —marca de pasta de dientes—, que en los años treinta se desplazó a la azotea de un edificio contiguo.

Al salir del ascensor, la terraza de **Mosebacke** ❷ (www.mosebacke.se) sigue siendo un mirador privilegiado. Es una zona de encuentro al aire libre muy concurrida, con mesas y bancos de madera, parasoles y una barra en la que se pueden pedir cervezas o refrescos. Los días soleados son una verdadera gozada en esta cafetería que aúna turistas y autóctonos ávidos de sol.

↑ **Vista exterior de Katarina Kyrka** (1695) después de una laboriosa restauración, necesaria tras un incendio en 1990, que costó 270 millones de coronas suecas.

← **El Katarinahissen,** aunque haya sufrido cierto deterioro, sigue siendo un emblema de la ciudad.

A pocos pasos de Mosebacke se encuentra la bella **Katarina Kyrka** ❸. Esta iglesia construida en el siglo XVIII ha necesitado de varias reconstrucciones a causa de los incendios sufridos, el último en 1990. Vale la pena contemplarla de cerca aunque ya se haya divisado incluso desde Gamla Stan. Su ubicación estratégica la convierte en un punto de referencia importante. Un par de calles más al este, otro hallazgo: **Fjällgatan** ❹, una de las calles más bonitas de la ciudad. Conserva todavía casas del siglo XVIII —dicen que la más antigua es la del número 34— y unas escaleras que dan al puerto. Su atmósfera parece sacada de un cuento. Detrás, en la calle **Stigbergsgatan** ❺, hay casas de campo de la misma época: casitas de madera típicamente suecas que ya no se encuentran en las ciudades.

El barrio de SoFo es un buen lugar para disfrutar del diseño sueco. Tiendas como Ordning & Reda o Tio Gruppen son una delicia para ver y comprar.

EL MERCADILLO DE STREET

Compras originales

Tomando el metro Hornstull, se llega a Street, un mercadillo permanente de arte, música y diseño que colmará las expectativas del más moderno. Abre cada fin de semana de marzo a diciembre.

Barbacoa y hamacas

A estas alturas uno ya tiene apetito y en el número 23 de Fjällgatan se halla un restaurante vegetariano muy popular, el **Hermans** ❻ (www.hermans.se), que ofrece un bufé de cocina de Asia, Oriente Medio, México o del Mediterráneo y, por supuesto, cocina autóctona. Pero el gran reclamo de este restaurante son las barbacoas, reservadas sólo para los días en que el buen tiempo lo permite, y que se sirven en una gran terraza con vistas a toda la ciudad. Siempre hay un ambiente distendido en este local en el que la gente disfruta de sobremesas maratonianas encima del césped y sus famosas

El auge de mercadillos de moda ha convertido a Street en un bullicio de jóvenes en busca de lo último. Incluye un restaurante y un *night club*.

hamacas. Los platos estrella son el *hummus*, el *falafel* y las *pakoras* fritas, aunque la patata también goza de una buena posición entre los platos más pedidos. No podía ser de otra manera, la patata es uno de los fundamentos de la dieta sueca, ya sea verano o invierno o se coma caliente o fría —muy típica con eneldo—, así es que resulta casi inevitable comerlas en un viaje a Estocolmo.

El barrio de moda

Tal vez Ikea haya ayudado a exportar el hecho, pero lo cierto es que Suecia siempre ha destacado por su diseño. Esta inquietud artística no sólo se ve reflejada en grandes escuelas y numerosas tiendas de diseño, sino también en la vida cotidiana: la manera de vestir, los cafés, las casas y tiendas se decoran con mucho criterio y mimo. Estocolmo es el ejemplo paradigmático, y lo es también **Södermalm** ❼. Es la isla más sureña de la ciudad, y la más alejada para los turistas, por ello pocos llegan a adentrarse realmente. Para la gente de Estocolmo, Södermalm, o Söder como la llaman ellos, está indiscutiblemente de moda. Para resumirlo, en verano, los habitantes de otros lugares de la ciudad alquilan casas aquí para pasar parte de sus vacaciones.

El núcleo de este barrio lo conforma el **SoFo** ❽, que va desde el sur de Folkungagatan (de aquí SoFo, South of Folkungagatan) al este de Götgatan. Ése es el meollo de esta zona *trendy*. Tiendas de ropa

LÅNGHOLMEN

De prisión a hotel

Por debajo del majestuoso puente Västerbron, que une las islas de Södermalm y Kungsholmen, se encuentra la pequeña isla de Långholmen, unida a Södermalm por medio de dos puentes.

Desde 1724, aquí se situaba la prisión con más ocupación de Suecia. Siguió el modelo de la prisión de Filadelfia, que, en lugar de recluir a todos los prisioneros juntos en una celda oscura, apostaba por habitaciones individuales llenas de luz y espacio para poder hacer ejercicio. La prisión dejó de funcionar en 1975 y se convirtió en una zona de ocio. En 1982 se demolió gran parte del centro penitenciario, aunque se decidió conservar la parte que alojaba las antiguas celdas. Hoy se ha convertido en museo y hotel (www.langholmen.com), con 102 habitaciones. Alojarse en una celda doble cuesta 146 € la noche.

BAÑOS DE SOL DURANTE TODO EL AÑO en la isla de Långholmen, un parque natural que se convirtió en área recreativa cuando se cerró la prisión en 1975.

y decoración, jóvenes como recién sacados de videoclips, edificios bajos de cemento pintado de distintos colores, hacen que uno se sienta en un verdadero decorado. Lo mejor es tomar un tiempo para husmear por las distintas calles y locales, pero hay alguna parada obligatoria, como una de las tiendas de **Ordning & Reda** ❾ (Götgatan, 32; www.ordning-reda.com), un homenaje a la devoción sueca por organizar y ordenar. De hecho, el nombre de la tienda es ése: organizar y ordenar, y ofrece una muy popular colección de *attachés*, libretas, álbumes de fotos, en gamas de colores absolutamente cautivadoras y actuales. Todo en este espacio, no podía ser de otro modo, está impecablemente posicionado, separado por colores, y hace que estos productos de papelería se conviertan en piezas de arte moderno.

Tio Gruppen ❿ (Götgatan, 25; www.tiogruppen.com) es otra cita ineludible del diseño. Se trata de una tienda, que se inauguró en los años setenta, de diez diseñadores suecos que desde entonces ofrecen una colección infinita de estampados geométricos. Sus productos más míticos son los cojines, los hules y los neceseres. Aunque no se vaya a comprar nada, la tienda en sí misma es una atracción que no hay que perderse.

El primer rótulo de neón sueco anunciaba la marca de pasta de dientes Stomatol, y durante años coronó la Katarinahissen.

LUGARES DE INTERÉS DESTACADOS.
❶ Katarinahissen
❷ Mosebacke ❸ Katarina Kyrka ❹ Fjällgatan
❺ Stigbergsgatan
❻ Hermans ❼ Södermalm
❽ SoFo ❾ Ordning & Reda
❿ Tio Gruppen

5

LA CAPITAL DEL AGUA

Islas y paseos

Sin duda, uno de los mayores atractivos de Estocolmo es que está totalmente rodeada de agua. Sus 14 islas se bañan en aguas de los lagos Mälaren y Saltsjön, que ofrecen una serie de actividades muy refrescantes. Más lejos, el archipiélago de Estocolmo esconde islas como Grinda o Sandhamn.

Las opciones son variadas. Es muy habitual poder contemplar una regata de vela, como la Riddarfjärden Regatta, que se celebra a finales de agosto delante del Ayuntamiento. Es realmente impresionante cómo se mezclan paisaje urbano y veleros. También hay competiciones de canoas en los distintos canales de la ciudad, como la que se celebra anualmente en Strömmen. Cerca del puente de Djurgården se pueden alquilar canoas, kayaks, patinetes y pequeñas lanchas para explorar esos canales por cuenta propia.

Pescar es otro deporte que se puede practicar en Estocolmo. De hecho, es un deporte muy popular entre sus habitantes, que llegan a pescar salmón en el sur de la ciudad –es importante saber que hace falta una licencia local y que hay alguna zona prohibida, como el lago Mälaren–. Algo altamente recomendable es subirse a un barco turístico, por ejemplo los de Stockholm Sightseeing (www.stockholmsightseeing.com; tienen un embarcadero frente al Palacio Real). Ofrece varias rutas, todas más o menos de una hora (y un precio de unos 15 € por adulto), con la posibilidad de comentarios en español, y unas vistas bellísimas de la ciudad desde el agua. Impresionan las residencias privadas que quedan a la orilla de los lagos.

Quien tenga más tiempo, no se puede perder navegar por el archipiélago de 24.000 islas que flanquea

↑ Las casitas de madera de colores dan un aspecto de ciudad de cuento a Vaxholm, destino de veraneo por excelencia de los habitantes de Estocolmo.

← Las posibilidades de disfrutar de la naturaleza, incluso en la capital del país, son infinitas. Alquilar un kayak y surcar los canales es una.

la ciudad. El viaje en barco de por sí, se vaya donde se vaya, es ya un espectáculo. Se descubrirán islas, islotes e isletas, algunas desiertas (sólo mil están pobladas); otras, con una sola casa. Y todas invitan a disfrutar, a muy pocos kilómetros de la capital, de una naturaleza muy especial. Por ejemplo, es común poder divisar focas descansando en una roca. Para poder acceder a estas islas, hay varias opciones, pero la compañía más importante de barcos de vapor es la Waxholmsbolaget (www.waxholmsbolaget.se). Ofrece una excursión de un día, con almuerzo, por unos 20 € por persona, aunque

DROTTNINGHOLM

La residencia real

En la isla de Lovön, al oeste de Estocolmo, a la que se puede llegar en barco, se erige el majestuoso palacio de Drottningholm, construido a finales del siglo XVI y actual residencia privada de la familia real. El palacio fue declarado Patrimonio Mundial por la Unesco en 1991.

Estocolmo se encuentra inmersa en un archipiélago de 24.000 islas, muchas de las cuales están deshabitadas.

también existe un pase de cinco días para explorar el archipiélago y sus islas con más calma. El principal embarcadero es el que hay delante del Grand Hôtel, muy cerca del céntrico parque de Kungsträdgården.

Vaxholm, ciudad de veraneo

El destino más cercano es la ciudad de Vaxholm ❶ que, a pesar de ser una localidad de pocos habitantes, se considera ciudad porque comprende nada más y nada menos que 64 isletas. En coche se tarda media hora, en autobús unos 40 minutos y en barco una hora. Por ello no es de extrañar que desde el siglo XIX Vaxholm se ha convertido en la principal residencia de veraneo de los habitantes de Estocolmo. En aquella época se construyeron unas de las villas de verano más bellas de la comunidad. Y hasta 1912 estuvo prohibido construir casas que no fueran de madera, lo que ha ayudado a que Vaxholm sea una ciudad con mucho encanto, muy agradable para pasear. Se encontrarán tiendecitas de regalos y

Con su palacio, teatro, parque y pabellón chino, todo Drottningholm ha sido incluido en la lista de Patrimonio de la Humanidad de la Unesco.

artesanía, anticuarios y puestos ambulantes de ahumados típicos de la costa sueca. Con una buena cerveza fría son una comida suculenta que se puede saborear en la playa. Recomendamos la visita del castillo fortaleza que construyó Gustav Vasa en el siglo XVI para defender Estocolmo de ataques navales. El castillo alberga el Museo Nacional de la Defensa Costera ❷.

Para los que quieran conocer la paz de una isla menos concurrida, Grinda ❸ es el lugar. En 1906, el primer director del Comité Nobel compró la isla y construyó aquí una casa de verano para su familia. Tardó dos años en acabar un edificio *art déco*, que hoy es el hotel Grinda Wärdhus ❹ (www.grindawardhus.se). Tiene un buen restaurante en el que se puede comer pescado fresco o cocina tradicional sueca. También se puede ir al Framfickan ❺, restaurante donde ofrecen una carta muy sencilla pero unas vistas estupendas. Un alojamiento alternativo es alquilar una cabaña (en el hotel pueden facilitar información) y realizar una estancia bien isleña de pesca y canoa. Así podremos comprobar cómo en Suecia los deportes acuáticos no son de élite. Al contrario, cualquiera tiene una mínima embarcación para poder disfrutar del verano en estos paisajes naturales tan sumamente bellos. La mayor parte de la isla pertenece a la ONG Skärgårdsstifelsen, que se ocupa de preservar la naturaleza del enclave y garantizar todo tipo de comodidades a sus visitantes.

Birka, en la isla de los vikingos

Birka ❻ (www.raa.se), situada en la isla de Björkö, es uno de los asentamientos vikingos mejor conservados. Fue la primera ciudad sueca y, en 1993, se incluyó en la lista del Patrimonio Mundial de la Unesco.

UNA CONSTRUCCIÓN "DE POSTAL"

Las casitas rojas o *torp*

Están repartidas por toda Suecia y suelen ser un motivo recurrente en las postales turísticas. El viajero que visite Estocolmo podrá admirar las casitas rojas en el archipiélago, que está salpicado por estas típicas construcciones que datan del siglo XVII.

La pintura roja tiene una justificación, que no es precisamente estética. Y es que el pigmento rojo da a la madera una buena impregnación y la protege contra la podredumbre. Además de por esta característica, la pintura roja se utilizó principalmente en las clases altas en las ciudades con la intención de imitar el color rojo de las casas de ladrillo. En el siglo XVIII, la moda de pintar de rojo las casas de madera se difundió a las casas de los pastores y granjas, y poco a poco, con el paso del tiempo, se fue extendiendo por todo el territorio.

LA TRADICIÓN DE PINTAR LAS CASAS ROJAS se ha extendido también a las viviendas de nueva construcción, aunque ya no son tan pequeñas como las de antaño.

Fundada en el siglo VIII por el rey vikingo Svea, se convirtió en un centro de comercio de artículos decorativos y de lujo. En esa época, estos objetos eran muy valorados pues reafirmaban la posición del rey en un momento de nacimiento de las monarquías europeas. Todavía hoy se están realizando trabajos arqueológicos que revelan muchos datos sobre la vida de los vikingos. El museo de la isla nos da una idea de qué aspecto debía tener Birka en sus orígenes.

Sandhamn, la isla de la arena
Sede del Real Club de Yates sueco desde hace más de 100 años, la isla de Sandhamn 7 es el centro de reuniones de los surcadores de mares. Aquí se inicia todos los meses de julio la famosa regata de Gotland Runt, que reúne a unas 300 embarcaciones de todo el mundo. Sandhamn se conoce popularmente como Sandön (isla de arena) porque está recubierta toda ella de arena con alguna interrupción rocosa. Las playas son de fácil acceso —recomendable si se va con niños— y la más bonita quizá sea la de Trouville, de arena blanca. Durante el verano, abren muchos cafés y restaurantes; en invierno, el Sandhamns Värdshus 8 es el único que está abierto. Es uno de los restaurantes más antiguos de Suecia, inaugurado en 1672. Aquí es donde comen cada día los escolares de la isla.

El Real Club de Yates es en Sandham el claro reflejo de que la isla es centro de reunión de navegantes, especialmente de entusiastas del yate.

LUGARES DE INTERÉS DESTACADOS.
1 Vaxholm 2 Museo Nacional de la Defensa Costera 3 Grinda 4 Hotel Grinda Wärdhus 5 Framfickan 6 Birla 7 Sandhamn 8 Sandhamns Värdshus

Estocolmo en 48 horas

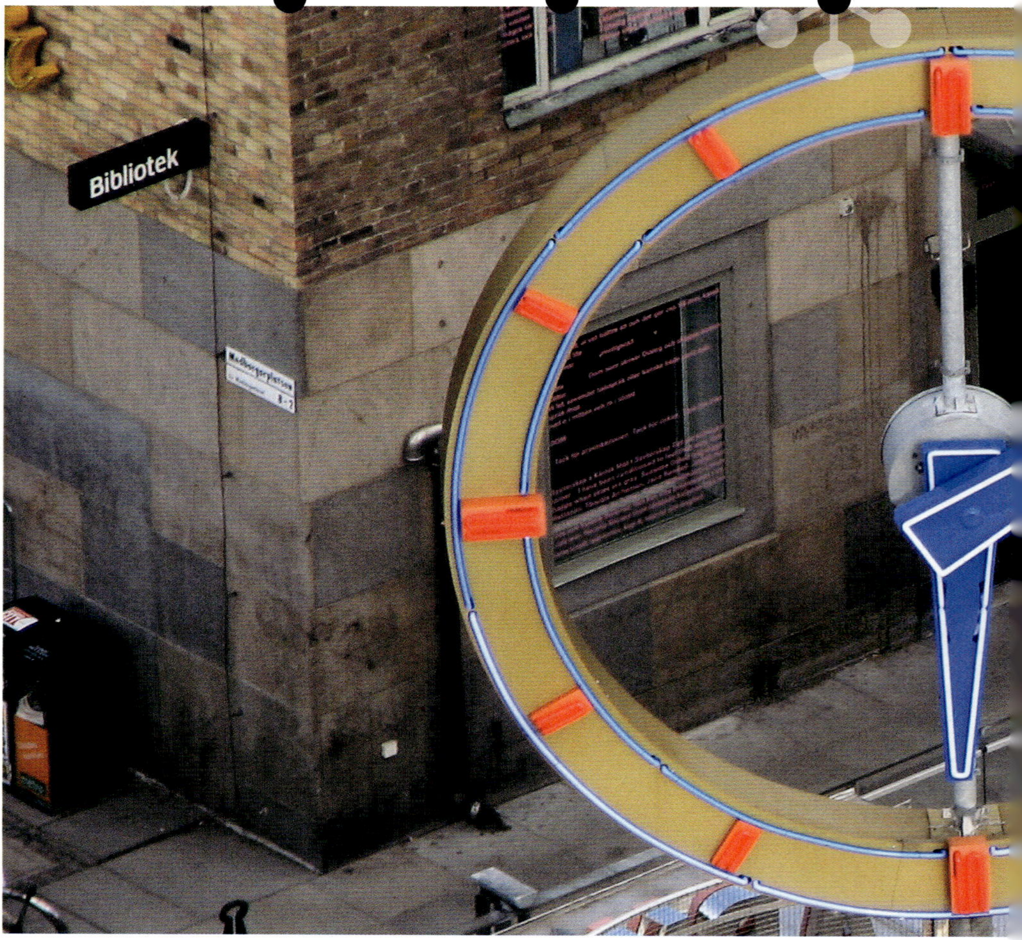

Primera mañana

9.00

PLAZA STORTORGET

Un buen lugar para iniciar la visita a Estocolmo es la plaza Stortorget. Situada en el corazón del casco antiguo de Gamla Stan, **es uno de los lugares más pintorescos de la capital sueca.** Aquí tuvo lugar el conocido Baño de Sangre de Estocolmo, una auténtica masacre que siguió a la invasión danesa en 1520. Aquí se encuentra también el Nobelmuseet, dedicado a los Premios Nobel.

Nobelmuseet
Börshuset, Stortorget.
Gamla Stan.
de mayo a septiembre, de 10.00 a 17.00 (martes, hasta las 20.00); el resto del año, de martes a domingo, de 11.00 a 17.00 (martes, hasta las 20.00).
Precio: 60 SEK (6,40 €).
www.nobelmuseum.se

10.00

BIRGER JARLS TORN

Se trata de una **torre defensiva que fue construida en el siglo XVI por el rey Gustav Vasa,** y que se ha convertido en un edificio emblemático de Riddarholmen, la zona noroeste de Gamla Stan. Lleva el nombre del fundador de Estocolmo, Birger Jarl, que, a su vez, también da nombre a una calle, Birger Jarlsgatan, y una plaza, Birger Jarls Torg, donde se encuentra la estatua del fundador. Es una de las posibles paradas en un tranquilo paseo por las callejuelas de la ciudad antigua, aunque la torre se encuentra a orillas del agua.

Norra. Riddarholmshamnen.
Gamla Stan.

10.30

KUNGLIGA SLOTTET

En la isla de Gamla Stan se levanta el imponente Palacio Real. **Parte de sus dependencias están abiertas al público, como la Sala del Tesoro, que exhibe increíbles joyas antiguas,** una sala con armamentos de diferentes épocas, la denominada Sala de los Huéspedes, el Museo de Antigüedades y la Sala de Baile, entre otras muchas instalaciones. Ofrecen visitas guiadas. A las 12.15 (domingos a las 13.15) hay cambio de guardia.

Slottsbacken, 1.
Gamla Stan.
varía bastante en función de la temporada, de mediados de mayo a mediados de septiembre abre de 10.00 a 16.00 (en julio y agosto hasta las 17.00).
Precio: 90 SEK (9,60 €).
www.royalcourt.se

12.00

STADSHUSET

Justo al lado de la isla de Gamla Stan se sitúa la pequeña isla de Kungsholmen, donde está situado seguramente el edificio más emblemático de la ciudad, el Ayuntamiento de Estocolmo, llamado Stadshuset. Para visitarlo se debe reservar con antelación una visita guiada, que resulta muy interesante. El arquitecto Ragnar Östberg concluyó la obra en 1923 y **es donde actualmente se celebra cada año la ceremonia de entrega de los Premios Nobel,** en la sala Blå Hallen.

✉ Hantverkargatan, 1.
Ⓜ T-Centralen.
⏲ de 10.00 a 14.00.
✆ 0046 (0) 50 82 90 58.
Precio: 60 SEK (6,40 €).
www.stockholm.se/cityhall

13.00

NATIONAL MUSEUM

Justo enfrente del Palacio Real se sitúa el Museo Nacional. Inaugurado en 1794, se convirtió **en uno de los primeros museos de arte del mundo.** Cuenta con obras de los célebres Rembrandt, Rubens, Goya, Rendir, Degas, Gauguin, Carl Larsson y Anders Zorn, entre otros. Además de la colección permanente, suele organizar exposiciones temporales.

✉ Södra Blasieholmshamnen.
Ⓜ Kungsträdgården (Norrmalm).
⏲ martes, de 11.00 a 20.00, y de miércoles a domingo, de 11.00 a 17.00. Lunes cerrado.
Entrada: 100 SEK (10,65 €).
www.nationalmuseum.se

14.00

DJURGÅRDEN Y LILJEVALCH

Vale la pena acceder a la frondosa isla de Djurgården. Para ello, tomamos el Djurgårdsbron, puente que destaca por su belleza arquitectónica. Fue construido para la Exposición de Arte e Industria de 1897. Veremos entre sus ornamentos plantas acuáticas y el lema del rey Oscar II: "Una buena relación de las naciones hermanas", de los tiempos en que Suecia y Noruega fueron un solo país. Después de disfrutar de la belleza del paisaje, para los amantes del arte moderno, es interesante acercarse a **la galería de arte Liljevalch, uno de los espacios más interesantes de la ciudad.** Además, en su restaurante se come muy bien.

Galería de arte Liljevalch
✉ Djurgardsvägen, 60.
www.liljevalchs.stockholm.se

Primera tarde

15.00
SKANSEN

En la misma isla de Djurgården se puede visitar este museo al aire libre que es una auténtica joya. Fue creado en 1981 y **alberga como una Suecia en miniatura, con construcciones típicas de todas las regiones de Suecia.** También cuenta con un zoo. Una de las cosas más curiosas es el poblado, que figura ser medieval y donde el visitante puede entrar en los comercios y talleres de época. Se respira un ambiente muy simpático y agradable.

abre a las 10.00 y cierra, según la estación, entre las 16.00 y las 22.00 (en julio y agosto, a las 22.00).
Entrada: varía según la temporada, en julio y agosto, adultos 100 SEK (10,65 €).
www.skansen.se

16.00
WALDEMARSUDDE

A la salida de Skansen, caminamos hasta el Waldemarsudde. Junto al lago Saltsjön, este hermoso edificio de 1905 **fue la residencia privada del príncipe Eugenio** (1865-1947), gran pintor y mecenas. Produjo pinturas monumentales para la Ópera Real, el Teatro Real y el Parlamento. Tras su muerte, el edificio pasó a manos del Estado para gestionarlo como museo de arte moderno, donde se exponen algunas de sus obras y las de sus contemporáneos y compatriotas Oscar Björck, Carl Frederik Hill, Richard Bergh, entre muchos otros.

Prins Eugens Väg, 6.
de martes a domingo, de 11.00 a 17.00 (jueves hasta las 20.00).
Entrada: 85 SEK (9 €).
www.waldemarsudde.se

17.00
KUNGLIGA BIBLIOTEKET

Se abrevia KB (biblioteca real) y es la biblioteca nacional de Suecia. **Reúne desde 1661 una copia de cada impreso hecho en Suecia.** Almacena más de tres millones de libros y revistas, 500.000 pósteres, 300.000 mapas, 750.000 retratos y 500.000 fotografías. El edificio original data de 1878, pero necesitó de una ampliación en los años veinte y otra en los noventa del siglo XX.

Humlegården.
Östermalmstorg.
de lunes a jueves, de 9.00 a 20.00; viernes de 9.00 a 19.00; sábados, de 10.00 a 17.00, domingos de 12.00 a 17.00.
www.kb.se

18.00
OLOF PALME GATA

Deambulando por las calles del barrio de City se llega a la plaza Hötorget, donde topamos con una placa conmemorativa de Olof Palme, situada al lado de unos cines. **Justo en este lugar el ex primer ministro sueco fue asesinado a tiros en febrero de 1986,** junto a su mujer, cuando salían de ver una película en el cine. Este asesinato conmocionó toda Suecia, ya que Palme era muy querido. Líder del partido socialdemócrata, fue primer ministro entre los años 1969 y 1976, y fue reelegido en 1982. El asesinato de Olof Palme todavía no se ha resuelto. Hubo un detenido, pero finalmente fue puesto en libertad por falta de pruebas. Aquí también se sitúa una calle que lleva su nombre: Olof Palmes Gata. Metro: Hötorget.

18.30
BIBLIOTECA MUNICIPAL

No muy lejos queda la Stadsbibliotek, que destaca por su arquitectura. Con un cilindro superpuesto sobre un cubo, de esta **obra maestra del funcionalismo.** Construido por el genial arquitecto sueco de entreguerras, Gunnar Asplund (1885-1940) el edificio aúna los valores estéticos de la ciudad: sencillez, armonía, ingenio y pragmatismo. Del mismo autor es la capilla del cementerio de Skogskyrkogarden.

✉ Sveavägen, 73.
Radmansgatan.
de lunes a jueves, de 11.00 a 19.00, y viernes, de 11.00 a 17.00.
Entrada gratuita.
www.biblioteket.se

19.00
CENTRALBADET

Centralbadet es una piscina y un gimnasio cuya estructura original fue diseñada por el arquitecto Wilhelm Klemming en 1904. Más tarde, se han ido haciendo reformas y añadidos, pero **la fachada de estilo Jugendstil se ha conservado intacta.** La piscina es de 23 metros, con un reservado para niños, un *jacuzzi* y aguas terapéuticas. También hay tres saunas y un centro de estética y masajes. Así que puede ser una buena forma de acabar el día.

de lunes a viernes, de 6.00 a 20.30. Sábados, de 8.00 a 20.30. Domingos, de 10.00 a 20.30.
www.centralbadet.se

Segunda mañana

9.00

HAGAPARKEN

Empezar la mañana en un lugar bucólico como el parque de Hagaparken es algo muy apetecible. Sin moverse, uno se impregnará del ambiente de la ciudad, ya que está muy concurrido por jóvenes y mayores de paseo, gente haciendo *footing*, niños y, en verano y con buen tiempo, muchos ávidos de sol. Hay que acercarse al Fjärils & Fågelhuset, **un lugar en el que se pueden ver volar libremente cientos de aves y mariposas exóticas** entre vegetación tropical y cascadas.

Fjärils & Fågelhuset
Odenplan y autobús 515.
de lunes a viernes, de 10.00 a 17.00; fin de semana, de 11.00 a 18.00. De septiembre a abril cierra una hora antes.
Entrada: adultos, 80 SEK (8,50 €).
www.fjarilshuset.se

10.30

ARKITEKTURMUSEET

De vuelta al centro, en la pequeña isla de Skeppsholmen, el Museo Sueco de Arquitectura reúne planos, dibujos y documentos históricos de los arquitectos suecos y de los extranjeros que trabajan y trabajaron en Suecia, entre los que destacan Gunnar Asplund, Sigurd Lewerentz, Sven Markeloius y Ralph Erskine. La mayoría de la documentación es del siglo XX. **La exhibición permanente muestra maquetas de las principales edificaciones suecas,** desde la casita de madera más sencilla y antigua hasta las últimas novedades.

Skeppsholmen.
Kungsträdgården (hay que caminar un poco) o autobús 65 desde Centralen.
de martes a domingo, de 10.00 a 18.00 (martes, hasta las 20.00).
Entrada: 50 SEK (5,30 €).
www.arkitekturmuseet.se

11.00

MODERNA MUSEET

Es el Museo de Arte Moderno de Estocolmo y comparte el vestíbulo con el Museo de Arquitectura. Se creó en 1958 pero fue en 1998 cuando se convirtió en un museo realmente popular gracias a **un nuevo edificio proyectado por el arquitecto español Rafael Moneo.** También se dispuso de un restaurante con unas fantásticas vistas y un menú muy recomendable. Alberga en su colección permanente obras de grandes del arte moderno como Picasso, Duchamp, Matisse, Rauschenberg o Dalí. El arte sueco está representado por artistas como Verna Nilsson o Siri Derkert.

Skeppsholmen.
Kungsträdgården (hay que caminar un poco) o autobús 65 desde Centralen.
de martes a domingo, de 10.00 a 18.00 (martes hasta las 20.00).
Entrada: 80 SEK (8,50 €).
www.modernamuseet.se

12.30

CAÑONES SKEPPSHOLMEN

Si uno se dirige desde el Museo de Arte Moderno hacia el mar, en dirección a Gamla Stan, justo enfrente del Palacio Real, podrá descubrir cuatro cañones. Lo impresionante es que **todavía hoy día se siguen usando, eso sí en fiestas y ocasiones especiales relacionadas con la monarquía.** Estos días son: el 28 de enero, santo del rey; el 30 de abril, cumpleaños del rey; el 6 de junio, día nacional de Suecia; el 14 de julio, aniversario del coronamiento de la princesa Victoria; el 8 de agosto, santo de la reina, y el 23 de diciembre, cumpleaños de la reina. Los cañonazos se lanzan a las 12.00 de lunes a viernes y a las 13.00 en días de fin de semana.

13.00

CITY SIGHTSEEING

Si no nos hemos quedado a comer en el Museo de Arte Moderno, puede ser un buen momento para iniciar un recorrido en barco por las aguas del Mälaren. Zarpan a pocos metros de la plaza Karl XII, en el parque Kungsträdgården, en el centro (cerca del puente que comunica con la isla de Skeppsholmen). Los barcos hacen diversos recorridos comentados por las islas y edificios más destacados. **Vale mucho la pena porque permite apreciar lugares que por tierra es difícil de observar** y también ayuda a situarse, algo a veces complicado, por la estructura de la ciudad. Hay también opciones que permiten combinar una ruta en barco y en autobús.

Se pueden consultar las posibilidades en www.sightseeing.se.

14.00

KAKNÄSTORNET

Tras un largo paseo por el mar, una buena opción podría ser dirigirse hacia el barrio de Östermalm. Antes, nos desviamos un poco, hasta la calle Mörka Kroken, donde se levanta la torre de televisión, de 155 metros de altura. Desde esta torre se pueden apreciar unas espectaculares vistas de todo Estocolmo, en cualquier punto de los 360 grados de la torre.

✉ Mörka Kroken, 28.
🚌 69 (que parte desde Central).
⏲ para visitar la torre: todos los días desde las 10.00; la hora de cierre depende de la estación (en junio, julio y agosto abre hasta las 22.00).
Precio para subir en ascensor: 30 SEK (3,20 €)
www.kaknastornet.se

Segunda tarde

15.00

STADION

En el mismo barrio de Östermalm, para los Juegos Olímpicos de Estocolmo del año 1912 se construyó un palacio de deportes siguiendo las influencias de esa época del Romanticismo Nacional. De esta manera, el arquitecto Torben Grut (1871-1945) quiso aunar técnicas modernas y medievales. **Es el estadio olímpico, de los que todavía siguen en activo, más antiguo del mundo.** Sus dos torres son muy reconocibles y un elemento importante del perfil de la ciudad.

✉ Lidingövägen, 1.
Ⓜ Stadion.

16.00

MAGASIN 3

Dirigiéndonos a la zona del puerto se encuentra un edificio de ladrillos rojos que data de 1930 y que mira al mar. Antiguamente albergaba una fábrica, pero actualmente **es la sede de una de las galerías de arte moderno más importantes de Suecia,** Magasin 3. En una superficie de unos 2.500 metros cuadrados, el museo cuenta con unas 600 obras en su colección.

✉ Frihamnen.
Ⓜ Metro Gärdet y autobuses número 1 y 76.
⏲ jueves, de 12.00 a 19.00; viernes, sábados y domingos, de 12.00 a 17.00.
Entrada: 40 SEK (4,25 €).
www.magasin3.com

16.30

SPÅRVÄGSMUSEET

Ya en la isla de Södermalm, vale la pena ir a Spårvägsmuseet. El tranvía ha sido últimamente un símbolo del transporte público sueco, que en realidad nunca ha dejado de contar con él. Este museo ofrece información sobre sus orígenes, desde que era conducido por caballos hasta las últimas tecnologías de hoy. **Se exponen vehículos antiguos e incluso se puede subir en alguno si es fin de semana.**

✉ Tegelviksgatan, 22.
⏲ de lunes a viernes, de 10.00 a 17.00; sábados y domingos, de 11.00 a 16.00.
Entrada: 30 SEK (3,20 €).
www.sparvagsmuseet.sl.se

17.30
MONTELIUSVÄGEN
Nos dirigimos a la cercana calle Monteliusvägen, otro de los muchos increíbles miradores que tiene Södermalm. En pocas guías aparece este punto de la ciudad, sin embargo es uno de los sitios que más recomiendan los habitantes de Estocolmo, porque **las vistas panorámicas que se pueden apreciar desde este lugar son realmente maravillosas:** el lago Mälaren y el mar Báltico, las islas de Riddarholmen, Gamla Stan y Djugården, el Palacio Real. El mirador cuenta con bancos y mesas de madera en los que se puede merendar mientras se disfruta de las vistas y, dependiendo de la época del año, de la puesta de sol.

19.00
GLOBEN
El barrio de Södermalm tiene desde 1989 un nuevo protagonista en su *skyline*: el estadio Globen Arena, el edificio esférico más grande del mundo. Ha albergado varios campeonatos mundiales, pero el deporte con el que más lo identifican sus compatriotas, obviamente, es el hockey sobre hielo. De hecho, se construyó con motivo de la celebración del campeonato mundial de este deporte. De todas maneras, **se le conoce todavía más por realizarse los conciertos de más envergadura de la ciudad,** como Sinatra, los Rolling Stones o los autóctonos Roxette. La máxima audiencia fue para Bruce Springsteen.

20.00
SLUSSEN
Continuando nuestro paseo y antes de volver hacia el centro del barrio más *fashion* de la ciudad, Södermalm, **vale la pena hacer un alto en el camino, justo cuando se juntan las islas de Gamla Stan y Södermalm, junto a la esclusa.** Es curioso detenerse en este lugar para observar el punto exacto donde coinciden los cursos del mar Báltico y el lago Mälaren, las dos grandes extensiones de agua que envuelven las islas de Estocolmo. Como el nivel del lago es superior al del mar y el nivel del mar varía en función de la luna, se genera una fuerte corriente que se compensa con esta esclusa.

Datos útiles de Estocolmo

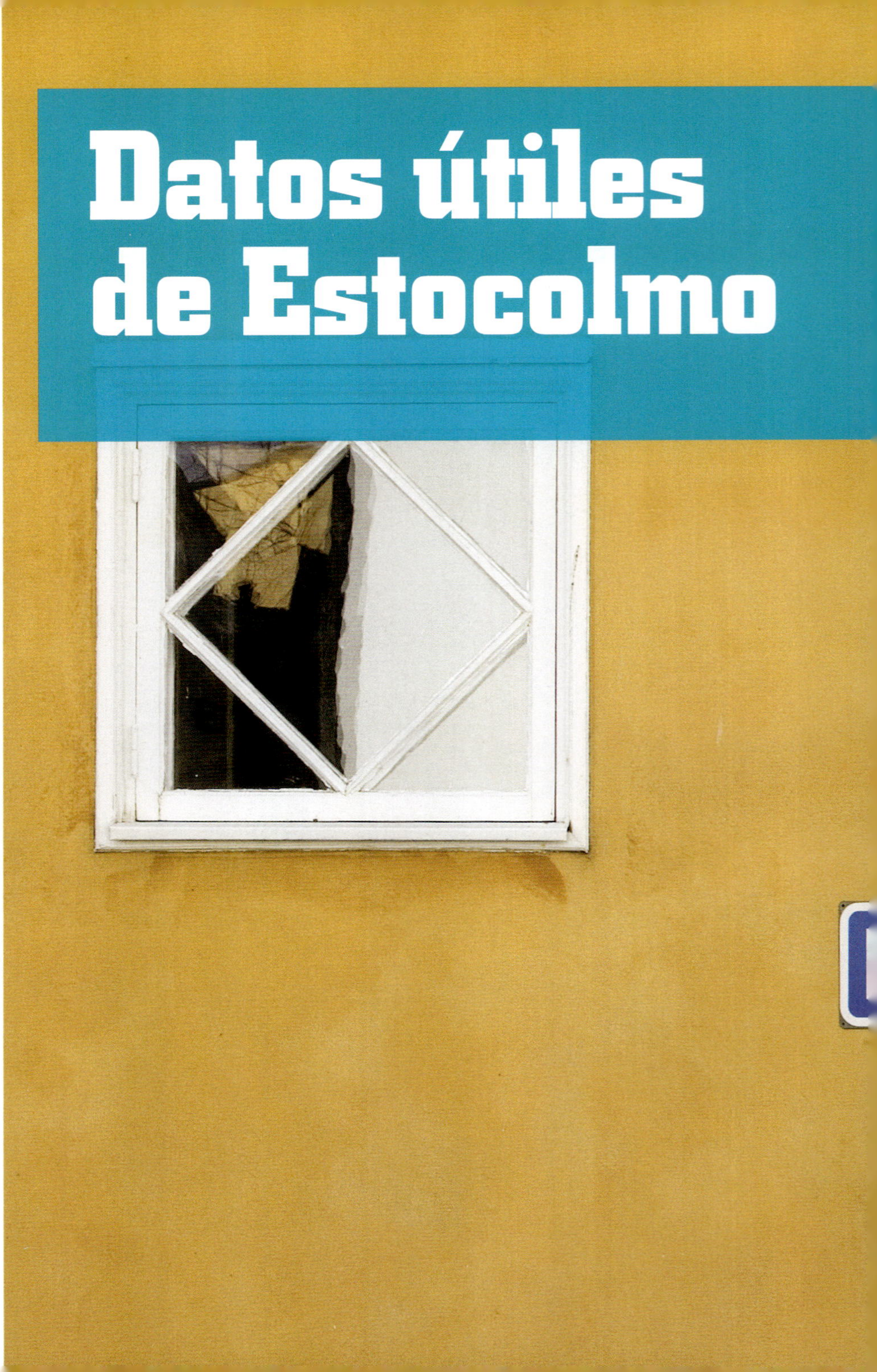

H
örhyrda
platser
rhyrda
nr24-28

Consulta el pronóstico meteorológico y el callejero en
www.guiacampsa.com o
www.repsolypf.com

Museos

Estocolmo cuenta con más de un centenar de museos. Se recomienda consultar los horarios de apertura y cierre porque suelen cambiar según la estación del año. A quien visite muchos museos le puede interesar comprar una Stockholm Card (información en la *web* de turismo de Estocolmo: www.stockholmtown.com), que da acceso gratuito a 75 museos (es decir, la gran mayoría), además de transporte público y otras visitas (barcos turísticos, etcétera). Su precio es de 330, 460 o 580 SEK o coronas suecas (35, 49 y 62 €) para uno, dos o tres días, respectivamente.
Además de los museos ya recomendados con antelación, destacan estos otros (todos incluidos en la Stockholm Card).

HISTORISKA MUSEET
Museo que contiene unos 20 millones de objetos que recrean la historia, desde la Edad de Piedra hasta la Edad Media. Interesante exposición vikinga. Tiene un restaurante con una agradable terraza.
Narvavägen, 13-17 (Östermalm).
Karaplan y Östermalmstorg.
verano, todos los días de 10.00 a 17.00. Invierno, de martes a domingo, de 11.00 a 17.00. Jueves hasta las 20.00.
Niños, gratis. Adultos, 50 SEK (5,50 €).
www.historiska.se

FOTOGRAFINS HUS
Este museo especializado en fotografía, inaugurado en el año 2003, organiza exposiciones de las mejores instantáneas, tanto contemporáneas como del pasado. Dedican una atención especial a los fotógrafos suecos.
Smålandsgatan, 7.
65.
de martes a viernes, de 12.00 a 17.00; sábados y domingos, de 12.00 a 16.00.
Precio: 50 SEK (5,50 €)
www.fotografinshus.se

SVENSK FORM
Un buen espacio para el diseño.
Holmamiralensväg, 2.
de martes a domingo, de 12.00 a 17.00.
www.svenskform.se

LEKSAKSMUSEET
El Museo de los Juguetes expone miles de juguetes de más de un siglo. Hay sala de juegos, teatro infantil y espectáculo de magia.
Tegelviksgatan, 22 (Södermalm).
Metro: Slussen, y luego bus, parada de

Spårvägsmuseet.
⊙ de lunes a viernes, de 10.00 a 17.00; sábados y domingos, de 11.00 a 16.00.
Niños hasta 7 años, gratis. Hasta 18 años, 15 SEK (1,60 €). Adultos, 30 SEK (3,20 €).
www.leksaksmuseet.se

MUSIKMUSEET
Para los amantes de la música. Cuenta con más de 6.000 instrumentos y es especialmente divertido para niños, que pueden tocar algunos. El museo organiza también conciertos de jazz, folk y músicas del mundo.
✉ Sibyllegatan, 2 (Östermalm).
Östermalmstorg o Kungsträdgården.
⊙ martes a domingo, de 12.00 a 17.00.
Hasta 19 años, gratis. Adultos, 40 SEK (4,25 €).
www.musikmuseet.se.

TEKNISKA MUSEET
Situado un poco apartado del centro de la ciudad, a unos diez minutos, este Museo Nacional de Ciencia y Tecnología ofrece varias exposiciones permanentes con diferentes galerías. Muy interesante es la Sala de Máquinas, donde se puede observar la historia de coches, bicicletas y aviones, entre otros. Alberga un cine 4D.
✉ Museivägen, 7.
69.
⊙ de lunes a viernes, de 10.00 a 17.00; jueves hasta las 20.00. Sábados y domingos, de 11.00 a 17.00. Niños hasta 6 años, gratis. Hasta 19 años, 30 SEK (3,20 €). Adultos, 60 SEK (6,40 €).
www.tekniskamuseet.se

Hoteles

Estocolmo tiene una amplia oferta hotelera pensada tanto para el turismo como para cubrir las estancias breves por motivos de negocio. Es frecuente encontrar hoteles que sorprenden por la armoniosa combinación de un diseño interior muy moderno y una estructura clásica de estilo, por ejemplo, *art nouveau*.

HOTEL CLARION STOCKHOLM
Con 532 habitaciones abrió en 2008 con una fiesta por todo lo alto. Se ha convertido en el hotel de moda de la ciudad. Habitaciones dobles a partir de 1.595 SEK (170 €).
✉ Ringvägen, 98.
✆ 46 8 462 10 00
www.clarionstockholm.com

NORDIC LIGHT HOTEL
Diseño nórdico en un impresionante hotel al lado de la estación de Centralen, en el barrio de Norrmalm. Habitaciones dobles, a partir de 1.130 SEK (120 €).
✉ Vasaplan, 7.
✆ 46 8 50 56 30 00.
www.nordiclighthotel.se

HOTEL COLUMBUS
En el moderno barrio de Södermalm, el pequeño hotel Columbus está ubicado en un edificio de 1780, en una zona tranquila y silenciosa. Habitación doble, a partir de 1.295 SEK (138 €).
✉ Tjärhovsgatan, 11.
✆ 46 8 503 112 00.
www.columbus.se

DIPLOMAT HOTEL
Situado en el corazón financiero y cultural de la ciudad, diseño moderno en un edificio de estilo *art nouveau*. Habitación doble, desde 1.690 SEK (180 €).
✉ Strandvägen, 7 (Skeppsholmen).
✆ 46 8 459 68 01.
www.diplomathotel.com

LADY HAMILTON HOTEL
Muy cerca del Palacio Real, en el casco antiguo, toma su nombre en honor a Emma Hamilton, esposa de Lord Nelson, héroe de la batalla de Trafalgar

contra Napoleón. Ubicado en un edificio del siglo XV, su decoración es clásica. Habitación doble, desde 2.050 SEK (unos 220 €).
✉ Storkyrkobrinken, 5 (Gamla Stan).
Gamla Stan.
✆ 46 8 506 401 00.
www.ladyhamiltonhotel.se

RÖDA BATEN MÄLAREN
Se trata de un barco-hotel amarrado en pleno centro. Cuenta con habitaciones a precios muy razonables. Una habitación individual cuesta unas 430 SEK (45 €), mientras que una doble cuesta unas 530 SEK (57 €). Las duchas y servicios son comunes.
✉ Södermälarstarand Kajplats, 6 (Södermalm).
✆ + 46 8 644 43 85.
www.theredboat.com

HOTEL BIRGER JARL
Excelente ubicación de este hotel con habitaciones más bien pequeñas, pero de diseño moderno y funcional, muy agradables. Habitación doble desde 2.350 SEK (250 €).
✉ Tulegatan, 8.
✆ 46 8 674 18 00.
www.birgerjarl.se

Restaurantes

La variedad gastronómica de esta ciudad nórdica es un reflejo de su interés multicultural. Se pueden encontrar restaurantes de especialidades propias de cualquier continente, pero los platos suecos por excelencia se asocian a los mariscos y al pescado, como el salmón o las sardinas. En cuanto a los dulces, hay que probarlos. Su repostería es una debilidad que tentará hasta a los menos golosos.

SARDIN
Encantador restaurante especializado en sardinas. Parte de su decoración está basada en latas de sardinas.
✉ Skånegatan, 79 (Södermalm).
Medborgarplatsen.
de martes a sábado, de 17.00 a 24.00.

HERMITAGE
Comida vegetariana. Increíble el pastel de queso.
✉ Stora Nygatan, 11 (Gamla Stan).
Gamla Stan.
de lunes a sábado, de 11.00 a 20.00; domingos, de 12.00 a 16.00.

PONTUS BY THE SEA
Enfrente del muelle de Skeppsbrokajen, un glamuroso restaurante que fusiona cocina francesa y sueca. En verano habilitan una terraza con cojines y bancos donde se pueden

Los personajes de la tradición popular, como los *trolls* y los duendes, están muy presentes en la cultura sueca.

comer pinchos de carne a la barbacoa que hacen allí mismo.
✉ Tullus, 2 (Gamla Stan).
Gamla Stan.

SUSHI RESTAURANG ROPPONGI
De entre los muchos japoneses de Estocolmo, éste es uno de los más populares. Se puede pedir comida para llevar. Tienen otros dos locales en el centro.
✉ Tegelbacken, 2.
Centralen.

OLIVER TWIST
Cervecería con más de 60 clases de cerveza. Cocina sencilla pero muy buena.
✉ Repslagargatan, 6 (Södermalm).
Slussen.
Horario de comidas: de 11.00 a 14.00.

Cafés con encanto

En Estocolmo, siempre es buena hora para entrar en una cafetería, que además de servir inmensos cafés, ofrecen deliciosas pastas, quiches y espléndidos bocadillos para los que sólo quieran hacer un alto en el camino, comer y seguir la ruta. Además, es una buena opción para los que tienen un presupuesto ajustado.

CAFÉ ART
Situado en pleno centro del casco antiguo (Gamla Stan). Las mesas, con candelabros, crean un ambiente íntimo y agradable.
✉ Västerlånggatan, 60 (Gamla Stan).
Gamla Stan.
de lunes a jueves, de 10.00 a 21.00. De viernes a domingo, de 11.00 a 21.00.

CAFFÉ NERO
Cafetería italiana cuyo tiramisú es un auténtico pecado.
✉ Roslagsgatan, 4 (Norrmalm).
Rådmansgatan.
de lunes a sábado, de 7.30 a 22.00; domingos, de 10.00 a 17.00.

IL CAFFÈ
Sus paredes están pintadas con *graffiti*. Sirven *focaccias* (*pizza* sin tomate que, aunque su origen sea italiano, se consume mucho en Suecia) muy buenas.
✉ Bergsgatan, 17 (Kungsholmen).
Rådhuset.
de lunes a viernes, de 8.00 a 18.00, y sábados y domingos, de 10.00 a 18.00.

SIVLETTO
Centro de reuniones de *rockabillys*, es un lugar en el que encontrar ropa y muebles de los años cuarenta y cincuenta, o hacerse un peinado de la época. La cafetería tiene el entretenimiento asegurado —con música rock, claro—.
✉ Malmgårdsvägen, 16-18 (Södermalm).
Slussen.
de martes a jueves, de 12.00 a 19.00; viernes, de 12.00 a 18.00; sábados y domingos, de 12.00 a 16.00.

De compras

Estocolmo es el paradigma del diseño. Por ello, los amantes de lo más novedoso en el campo de la ropa, la decoración y los accesorios encontrarán un sinfín de tiendas, no sólo centros comerciales sino sobre todo pequeños locales que serán una auténtica tentación.

ÅHLÉNS
Para los amantes de la decoración, Åhléns es un paraíso. Es una de las tiendas

El diseño sueco ha marcado siempre un estilo propio asociado a lo práctico.

de objetos del hogar más conocidas en Suecia. Cuidan mucho el diseño.
✉ Klarabergsgatan, 50 (City).
Centralen.
www.ahlens.com

MARIMEKKO
Destaca por sus estampados en diferentes productos textiles, como cojines, delantales y guantes de cocina, neceseres del baño, entre muchas otras cosas.
✉ Norrmalmstorg, 4.
Östermalmstorg.
www.marimekko.com

FILIPPA K
Tienda de ropa muy conocida en Suecia, con precios un poco elevados.
✉ Grev Turegatan, 18.
Östermalmstorg.
www.filippak.com

SWEDEN BOOKSHOP
Libros de autores suecos y también libros sobre Suecia en 50 idiomas.
✉ Slottsbacken, 10.
Gamla Stan.
www.swedenbookshop.com

ORREFORS KOSTA BODA
Mítica marca de vidrio, es una visita indispensable de la ciudad. Se descubrirá desde arte exclusivo hasta artículos más cotidianos. Se pueden encontrar buenos regalos, como un portavelas, muy típico sueco.
✉ Birger Jarlsgatan, 15.
Metro: Rådmansgatan.
www.kostaboda.se

DESIGN HOUSE STOCKHOLM
Tienda especializada en diseño escandinavo, sobre todo de piezas pequeñas como cojines, lámparas, porcelana, mantas y otros enseres del hogar.
✉ Smålandsgatan, 11.
Östermalmstorg.
www.designhousestockholm.com

GRANDPA
Ropa, objetos de decoración, muebles *vintage*, bicicletas, libros y accesorios.
✉ Södermannagatan, 21.
Metro: Medborgarplatsen.
www.grandpa.se

MINI RODINI
Es una marca de ropa de niños de última moda que se vende por Internet y que tiene tienda propia en Södermalm. La ropa es unisex, va de los 0 a los 7 años y tiene un certificado conforme no daña el medio ambiente.
✉ Nytorgsgatan, 36.
Metro: T-Medborgarplatsen.
www.minirodini.se

Niños

Suecia, y por extensión Estocolmo, es un país que está muy preparado para viajar con niños. Todos los lavabos de los centros comerciales disponen de una sala para cambiar a los bebés y calentar un biberón. En muchos centros culturales, como en algunos museos, organizan actividades dirigidas a los más pequeños. Encontrarán en Estocolmo un sinfín de alternativas para que los niños disfruten de la estancia.

GRÖNA LUND TIVOLI
Enorme parque de atracciones.
✉ Lilla Allmänna Gränd, 9.
número 47 o tranvía 7.
cambio según la estación. En junio, de 12.00 a 22.00; en julio, de 11.00 a 22.00.
Precio: 70 SEK (7,50 €).
www.gronalund.com

JUNIBACKEN
El universo de Pippi Calzaslargas se encuentra en Junibacken, un parque animado inspirado en todos los cuentos de Astrid Lindgren. En él se recrea el universo de la popular niña de ficción.
✉ Djurgården.
número 47 o tranvía 7.
de martes a domingo, de 10.00 a 17.00. En junio, julio y agosto, también los lunes.
Entrada: adultos, 100 SEK (10,60 €), niños de 3 a 15 años, 95 SEK (10 €).
www.junibacken.se

AQUARIA
Museo del Agua donde los pequeños podrán observar múltiples especies de peces, con especial atención a los que viven en el mar Báltico.También hay una selva amazónica, donde los visitantes pueden pasear entre la vegetación.
✉ Falkenbergsgatan, 2.
Autobuses números 44 o 47, o tranvía 7.
de martes a domingo de 10.00 a 16.30.
Entrada: adultos, 80 SEK (8,50 €); niños de 6 a 15 años, 40 SEK (4,25 €).
www.aquaria.se

KULTURHUSET
La cuarta planta de la Casa de la Cultura de Estocolmo está enteramente dedicada a los niños, donde podrán leer cómodamente libros y cuentos.
✉ Sergels Torg.
Centralen.
todos los días de 11.00 a 17.00.
www.kulturhuset.stockholm.se

SKANSEN
En el museo al aire libre, situado en la isla de Djugården, hay un zoo. Destacan los alces, con sus enormes cuernos.
número 47 o tranvía número 7.
El precio de la entrada varía según la estación, adultos entre 65 y 140 SEK (entre 6,90 y 14,90 €).
de 10.00 a 20.00, aunque varía en función del mes.
www.skansen.se

Ocio nocturno

En Estocolmo hay mucho ambiente por la noche, sobre todo en los barrios de Östermalm y Södermalm. Algunos locales, los más *fashion*, están especialmente solicitados.

KVARNEN
Considerado uno de los mejores en Södermalm, este bar está abierto durante todo el día y por la noche cierra a las 3.00. Ideal para tomarse una cerveza.
✉ Tjärhovsgatan, 4.
Medborgarplatsen.
de lunes a viernes, de 11.00 a 3.00. Sábados, de 12.00 a 3.00 y domingos, de 17.00 a 3.00.

PET SOUNDS BAR
Aquí impera el ambiente más *fashion* del barrio. En algunos fines de semanas, un *dj* es el encargado de poner música.
Skånegatan, 80.
Medborgarplatsen.
de lunes a jueves, de 17.00 a 1.00. Viernes y sábado, de 16.00 a 1.00.

MOSEBACKE ETABLISSEMENT
Dispone de una magnífica terraza donde en verano se puede tomar algo tranquilamente. También es una discoteca. El viernes es el día de más ambiente.
✉ Mosebacketorg, 3.
Slussen.
⊙ durante la semana cierra a la 1.00, mientras que el sábado se alarga una hora más.

SOLIDARITET
Uno de los *pubs* más de moda en Estocolmo. Suele haber colas para entrar.
✉ Lästmakargatan, 3.
Östermalmstorg.
⊙ de miércoles a sábado, de 10.00 a 5.00.

OCH HIMLEN DÄRTILL
Este local lleva causando furor en los últimos años. Se encuentra en el edificio Skatteskrapan, un antiguo edificio de Hacienda, reconvertido en centro de entretenimiento y oficinas. El local está decorado con luces azules y mobiliario moderno. También es un restaurante en el que se puede cenar en un elegante ambiente.
✉ Götgatan, 78.
Medborgplatsen.
⊙ de lunes a jueves, de 18.00 a 1.00; viernes, de 17.00 a 3.00; sábados, de 18.00 a 3.00.
www.restauranghimlen.se

Estocolmo gay

La capital de Suecia es conocida por ser un paraíso para los gays. En la *web* oficial de la ciudad, www.stockholmtown.com, hay un apartado específico para el público gay, con recomendaciones de bares, *pubs* y hoteles. Una vez en Estocolmo, existe la posibilidad de comprar la guía *QX*, que además de detallar los locales más de moda informa sobre fiestas.

CHOKLADKOPPEN
Esta cafetería situada en la pintoresca plaza Stortorget de Gamla Stan es una de las más conocidas de todo Estocolmo. Aquí distribuyen octavillas y venden entradas para fiestas gays.
✉ Stortorget, 18.
Gamla Stan.

MANDUS
Bar-restaurante situado en el casco antiguo que abre a las 17.00 y cierra hacia medianoche. Ideal para tomar una copa.
✉ Österlanggatan, 7.
Gamla Stan.

LADY PATRICIA
Tiene mucho éxito los sábados por la noche gracias a las fiestas que se organizan, con *drag queens* incluidas. Sirven cenas exquisitas. Se recomienda reservar con antelación porque suele estar todo lleno.
✉ Stadsgårdskajen, 152.
Slussen.
www.patricia.st

ROXY
Bar chic dirigido a lesbianas y donde se sirven originales tapas.
✉ Nytorget, 6.
Skanstull.
www.roxysofo.se

transportes

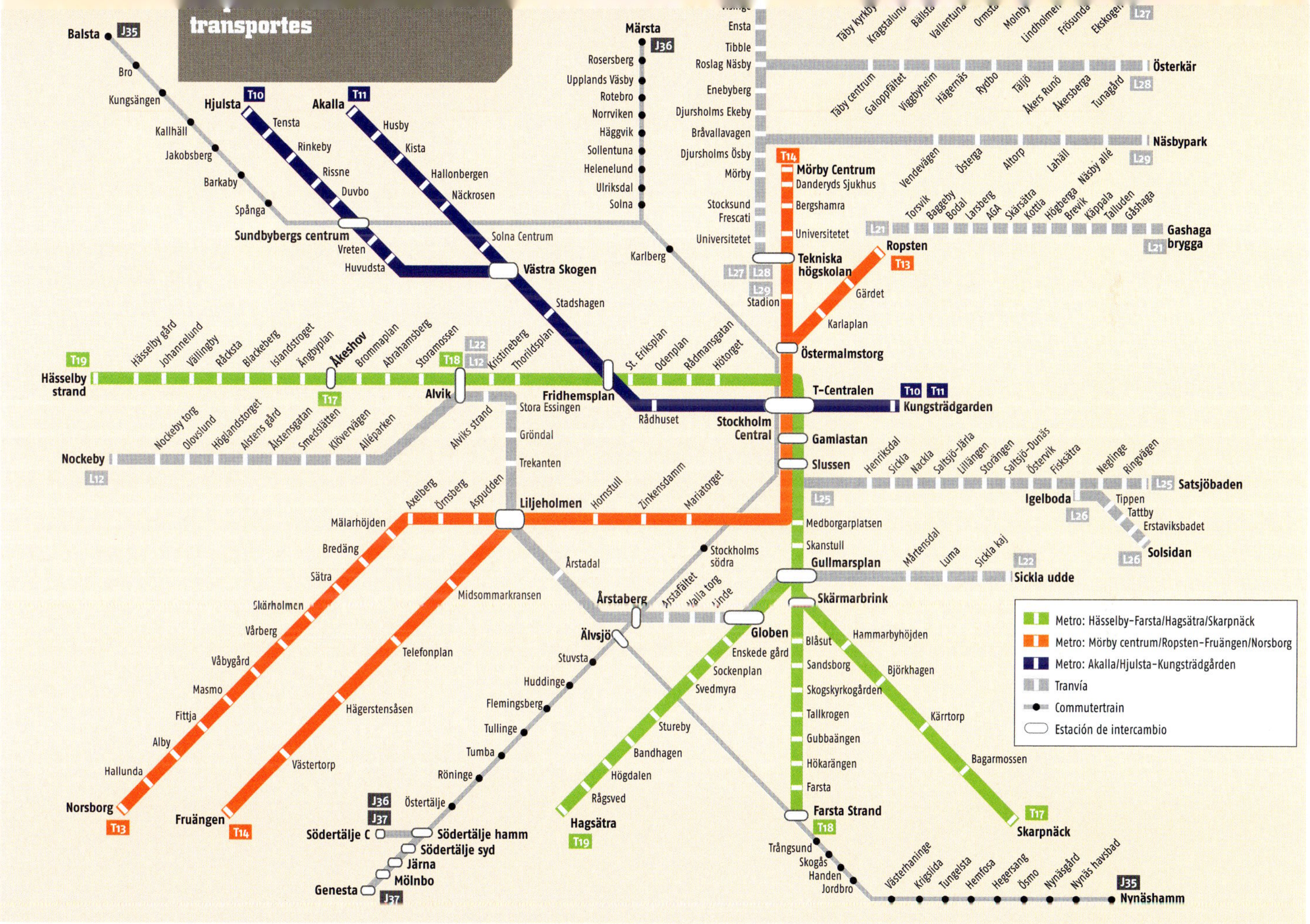

Idea Original y realización: ARA LLIBRES SCCL ara.
Impreso por: Litofinter, SA

Diseño: Júlia Font i Cèl·lula
Edición: Montserrat Costas y Mariano Veloy
Texto: Elisabeth Puyoles y Victoria Puyoles
Edición gráfica: Mariona Rovira y Montse Marcet
Cartografía: Enric Sorribas / Geotec
Maquetación: 3'14, SL
ISBN obra completa: 978-84-9815-127-5
ISBN: 978-84-9815-144-2
Depósito Legal: M-8205-2008